Cet album appartient à :

Piccolia

Présentations...

Mon (mes) prénom(s) : ....

Mon nom de jeune fille : .... Mon nom d'épouse : ....

Je suis née le : ..../..../.... à : .... Ville/Pays : ....

Signe zodiacal : ....

Ma profession : ....

La couleur de mes cheveux : ....

Celle de mes yeux : ....

....

Collez ici une photo de vous avec le futur papa.

Le (les) prénom(s) du futur papa :

Son nom :

Il est né le : / / à : Ville/Pays :

Signe zodiacal :

Sa profession :

La couleur de ses cheveux : Celle de ses yeux :

Notre rencontre :

Je vais être maman !

Le test de grossesse est positif ! Mes impressions :

Les premiers symptômes qui m'ont fait penser que j'étais enceinte :

Je le sais depuis :

Mes impressions :

La première personne à qui je l'ai annoncé :

Sa réaction :

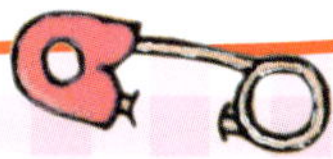

Anecdotes :

Je m'organise

Le médecin ou la sage-femme qui va suivre ma grossesse :

Pourquoi je l'ai choisi(e) :

L'endroit où je souhaite accoucher :

Je l'ai choisi parce que :

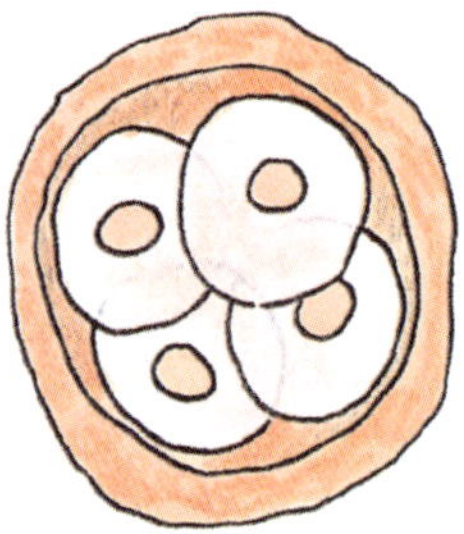

Anecdotes :

Premières semaines

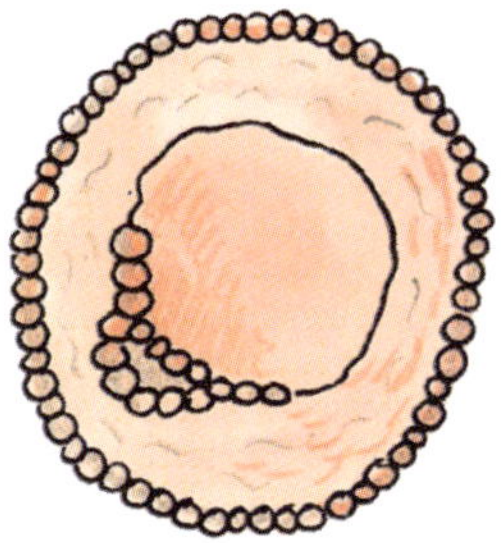

Anecdotes :

Symptômes ou événements particuliers :

Mes impressions :

Collez ici une photo de vous enceinte de 1 mois.

Déjà 1 mois !

Les transformations de mon corps : ....

....

....

Ce qui a changé depuis que je suis enceinte : ....

....

....

....

....

....

5e semaine

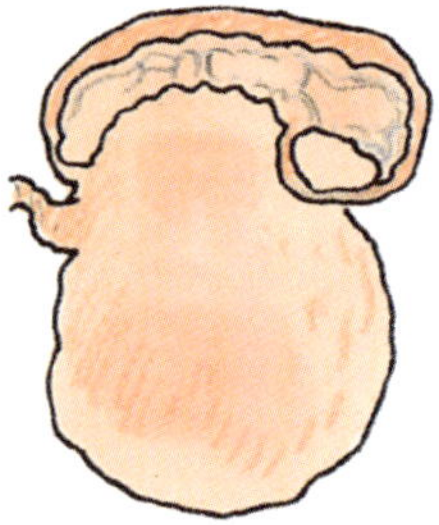

Anecdotes :

Prise de poids :

Tour de taille :

Informations importantes :

J'aime être enceinte parce que :

Ce que je trouve moins agréable :

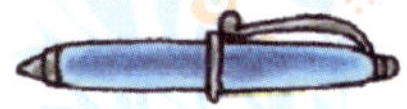

Mémento :

6e semaine

La ou les personnes avec qui je parle le plus de ma grossesse :

Les conseils que je reçois :

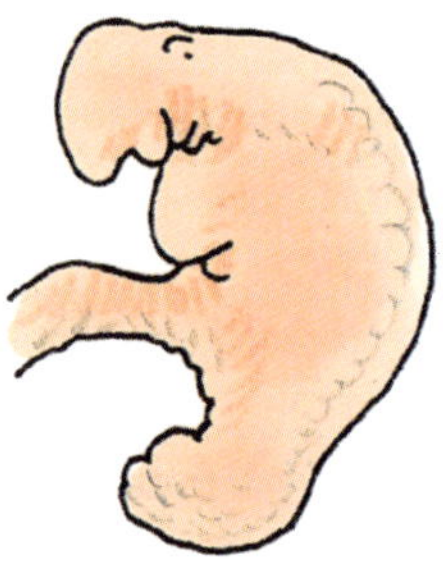

Anecdotes :

Ce qui me réjouit :

Ce qui m'inquiète :

Événements particuliers :

Mémento :

Collez ici une photo.

7e semaine

Physiquement, je me sens :

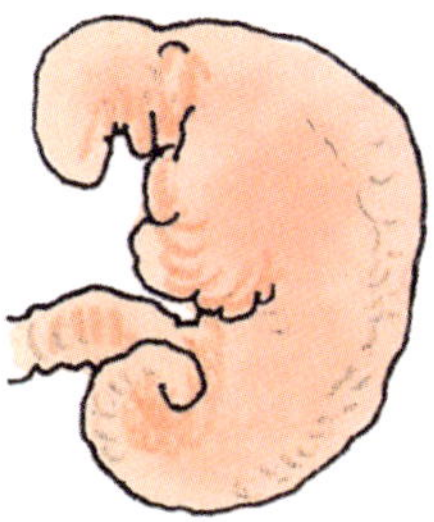

Anecdotes :

Collez ici une photo.

8e semaine

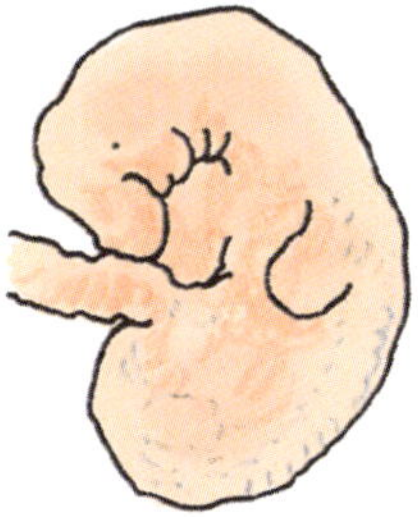

Anecdotes :

Mes pensées pour mon bébé :

9e semaine

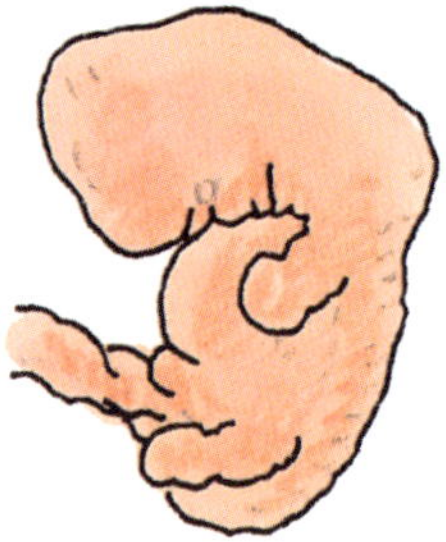

Anecdotes :

Les activités sportives que je pratiquais avant d'être enceinte :

Celles que je pratique pendant ma grossesse :

J'ai déjà choisi ma préparation à l'accouchement :

Pourquoi j'ai choisi ce type de préparation :

J'y vais accompagnée de :

Ce que j'y apprends :

Mémento :

Collez ici une photo de vous enceinte de 2 mois.

2 mois !

Les nouvelles transformations de mon corps :

Mes impressions :

10e semaine

Prise de poids :

Tour de taille :

Informations importantes :

Anecdotes :

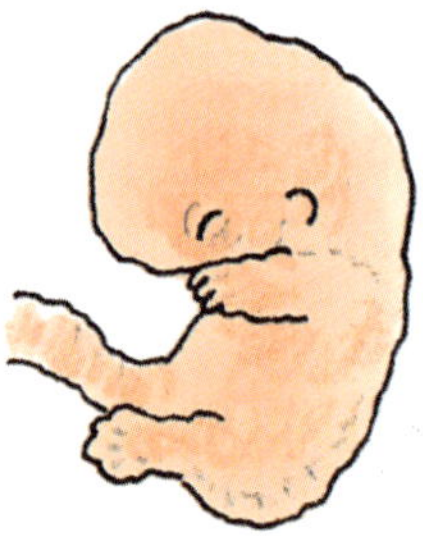

Les vêtements que je mets souvent ces temps-ci :

Le premier vêtement de grossesse que j'ai acheté :

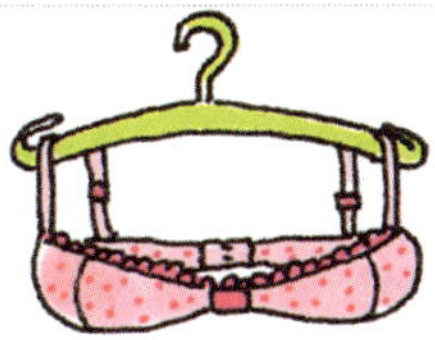

Mes impressions en cabine d'essayage :

Mémento :

Collez ici une photo.

Les préparatifs

Ce que nous aimerions changer dans la maison pour l'arrivée de notre enfant :

Ce que nous avons déjà préparé :

Ce que l'on nous a déjà acheté :

11e semaine

Ce qui a changé dans mon régime alimentaire :

Anecdotes :

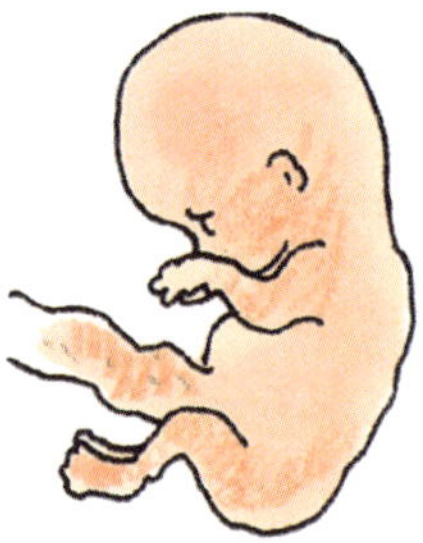

Mon appétit :

Ce que j'adore manger :

Ce que je n'aime plus manger :

Mémento :

Collez ici une photo.

12e semaine

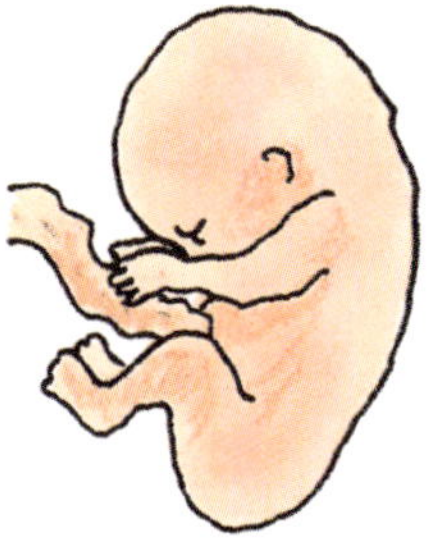

Anecdotes :

Mon bébé grandit et mon ventre s'arrondit… mon tour de taille est de : ....

....

....

Premier rendez-vous

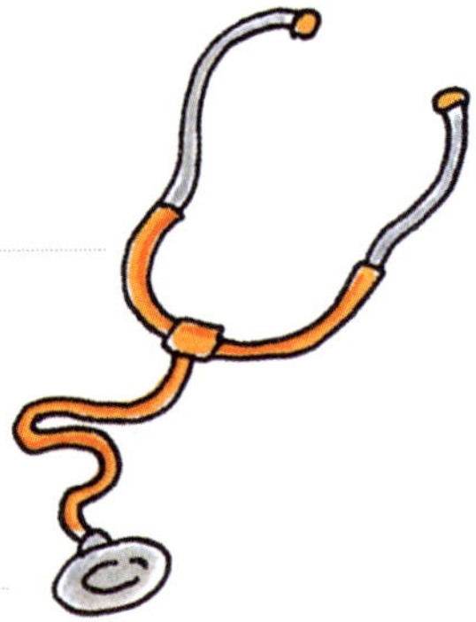

Date de mon premier rendez-vous chez la sage-femme ou l'obstétricien : ....

J'étais accompagnée de : ....

Informations importantes : ....

Date présumée de l'accouchement : ....

Mes impressions :

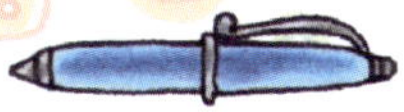

Décrivez ici la première échographie

Collez ici une photo.

13e semaine

Comment je me sens :

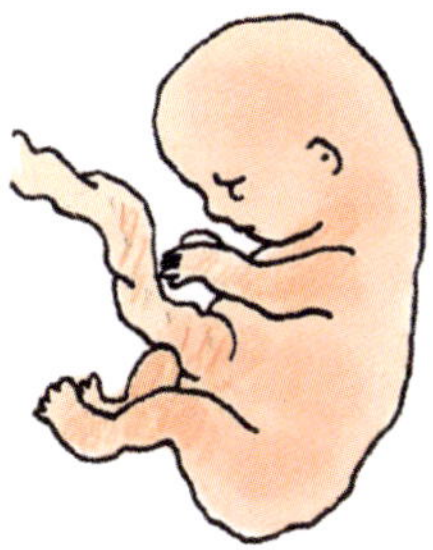

Anecdotes :

Collez ici une photo de vous enceinte de 3 mois.

3 mois !

Les nouvelles transformations de mon corps :

Mes impressions :

Collez ici une photo.

14e semaine

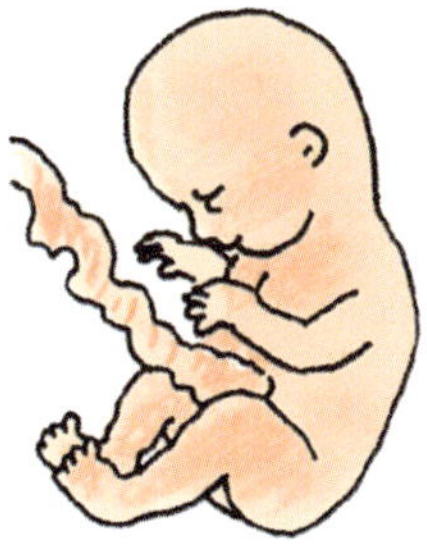

Anecdotes :

Prise de poids :

Tour de taille :

Informations importantes :

15e semaine

Mon intuition quant au sexe de mon bébé :

L' intuition du futur papa :

Les prénoms favoris du moment :

Les intuitions de notre entourage :

Je voudrais que mon enfant ressemble à son papa pour :

Ce que je souhaiterais lui transmettre :

Mémento :

Collez ici une photo.

16e semaine

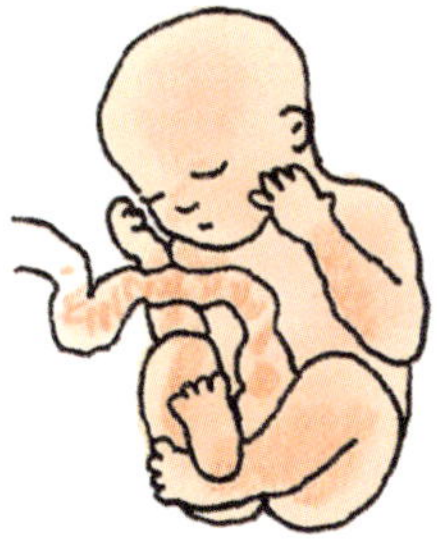

Anecdotes :

Comment cela se passe au travail :

Collez ici une photo.

17e semaine

Date de mon départ en congé maternité : ....

....

Date à laquelle je prévois mon retour au travail : ....

Le mode de garde que je souhaite pour mon enfant : ....

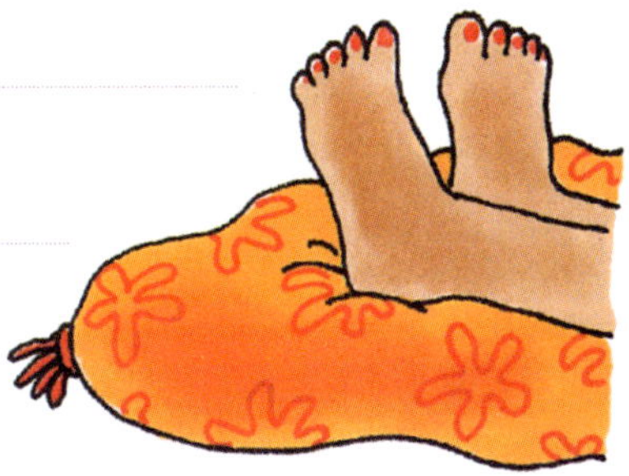

....

Anecdotes :

Collez ici une photo.

18e semaine

Comment se passent mes nuits :

Anecdotes :

Collez ici une photo de vous enceinte de 4 mois.

4 mois !

Les nouvelles transformations de mon corps :

Mes impressions :

19e semaine

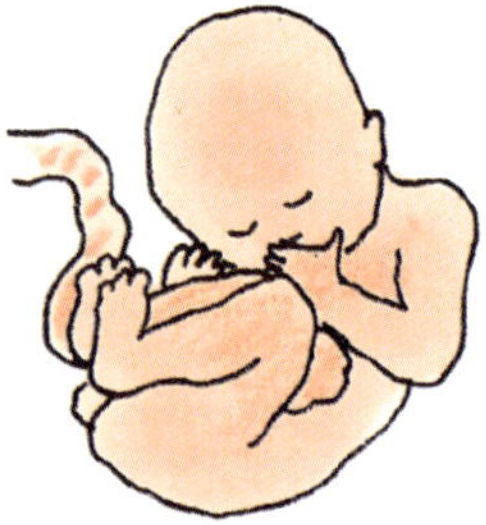

Anecdotes :

Prise de poids :

Tour de taille :

Informations importantes :

Ce qui me rend heureuse :

Ce qui m'inquiète :

Les personnes qui m'accompagnent :

Mémento :

Collez ici une photo.

20e semaine

Anecdotes :

La première fois que j'ai senti mon bébé bouger :

Mes impressions :

21e semaine

Ce que je sais de ma naissance :

Anecdotes :

Mes souhaits pour la naissance de mon bébé :

La personne que je voudrais à mes côtés pour l'accouchement :

Mémento :

Collez ici une photo.

Collez ici une photo.

22e semaine

Anecdotes :

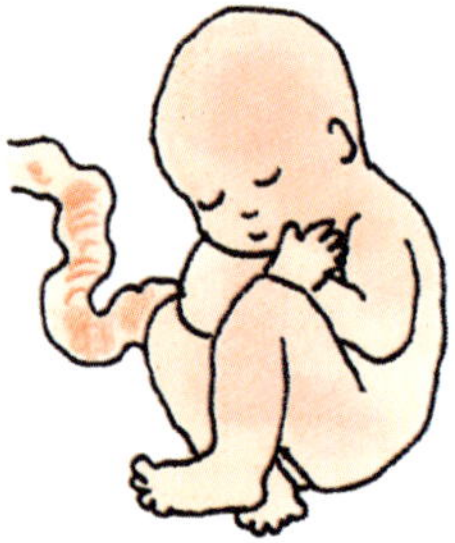

Les moments où mon bébé bouge le plus :

Ce qui le fait réagir :

Anecdotes ou événements particuliers :

Mémento :

Collez ici une photo de vous enceinte de 5 mois.

5 mois !

Les nouvelles transformations de mon corps :

Mes impressions :

23e semaine

Prise de poids :

Tour de taille :

Informations importantes :

Anecdotes :

Les vacances que nous avons prévues avant l'arrivée de notre enfant :

Combien de semaines de travail me reste-t-il ?

Comment est-ce que je vis cette attente ?

Mémento :

Collez ici une photo.

24e semaine

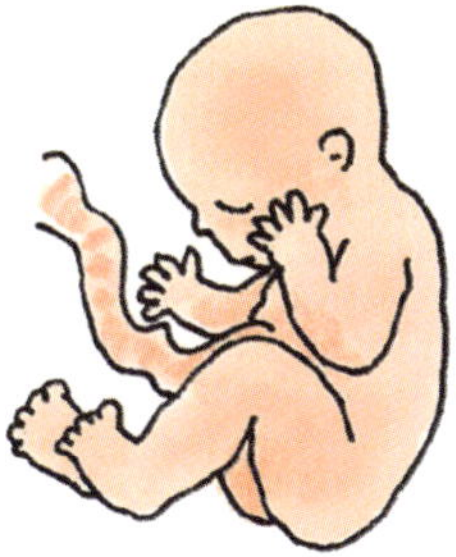

Anecdotes :

La première fois que j'ai ressenti des contractions : ....

....

Mes impressions : ....

....

25e semaine

Anecdotes :

La position qui m'est la plus confortable :

Celle qui m'est la plus inconfortable :

Le meilleur moment de la journée :

Le moment de la journée que j'aime le moins :

Mémento :

Collez ici une photo.

26e semaine

Le moment de la journée où mon bébé est le plus actif :

Mes impressions :

Anecdotes :

Collez ici une photo.

Un autre enfant à la maison…

Cette grossesse est-elle la première ?

Si non, mes impressions par rapport à ma ou mes grossesses précédentes :

La réaction du ou des plus grands de mes enfants :

27e semaine

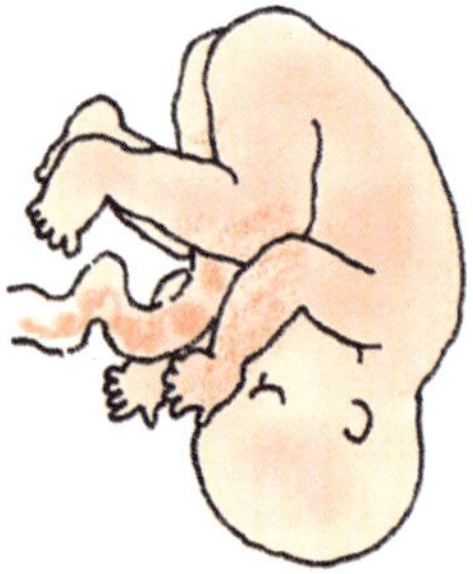

Anecdotes :

Premier cours de préparation à l'accouchement :

J'y suis allée accompagnée de :

Mes impressions sur ce cours :

Les impressions de la personne qui m'a accompagnée :

Mémento :

Collez ici une photo de vous enceinte de 6 mois.

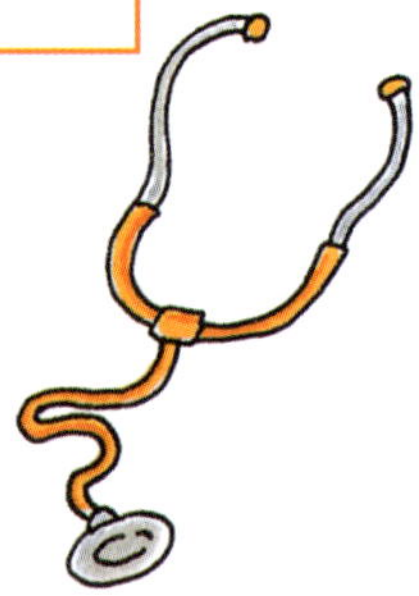

6 mois !

Les nouvelles transformations de mon corps :

Mes impressions :

28e semaine

Anecdotes :

Prise de poids :

Tour de taille :

Informations importantes :

Les évolutions du moment :

Ce que j'aime le plus :

Ce que j'aime le moins :

Mémento :

Collez ici une photo.

29e semaine

Ce que je pense de mes nouvelles formes :

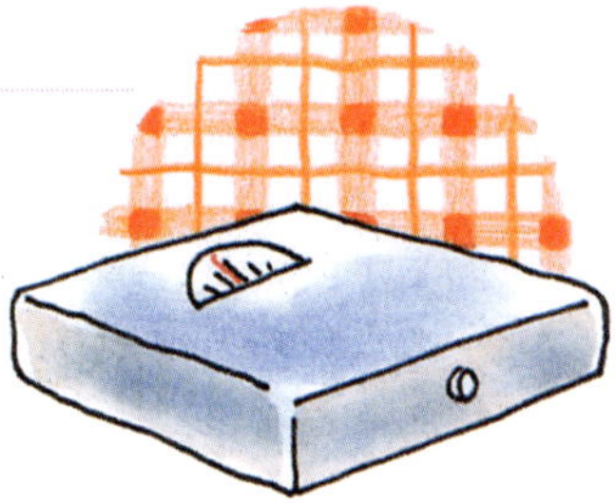

Anecdotes :

Collez ici une photo.

Collez ici une photo.

30e semaine

Les prénoms que je place en tête de liste :

Les préférences du futur papa :

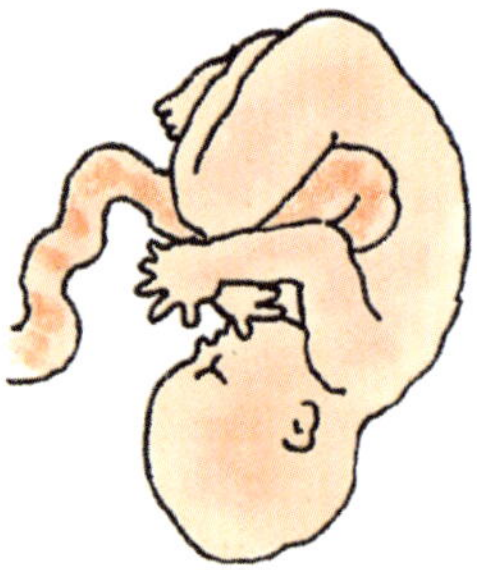

Anecdotes :

Les personnes de notre entourage à qui nous avons parlé de ces prénoms :

Leurs commentaires :

Le premier texte que nous avons écrit pour le faire-part de naissance :

Mémento :

Collez ici une photo.

31e semaine

Anecdotes :

Les premières choses que j'aime faire le matin en me réveillant :

Collez ici une photo de vous enceinte de 7 mois.

7 mois !

Les nouvelles transformations de mon corps :

Mes impressions :

32e semaine

Prise de poids :

Tour de taille :

Informations importantes :

Anecdotes :

Nos amis et famille ont déjà des enfants :

Ce qu'ils pensent de l'arrivée de notre bébé :

Événements particuliers :

Mémento :

Collez ici une photo.

33e semaine

Anecdotes :

En ce moment, je me sens :

34e semaine

Le poids et la taille estimés de mon bébé :

Ce que m'a dit mon obstétricien ou ma sage-femme :

Anecdotes :

Comment se déroule ma préparation à la naissance ?

En ce moment, je me sens :

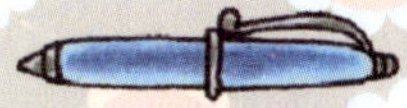

Mémento :

Collez ici une photo.

Collez ici une photo.

35e semaine

Anecdotes :

Je suis en congé maternité depuis le : ....

J'ai prévu de profiter de ce moment pour : ....

Je prends enfin le temps de :

Ce que j'apprécie :

Ce que j'aime moins faire :

Mémento :

Collez ici une photo.

36e semaine

Anecdotes :

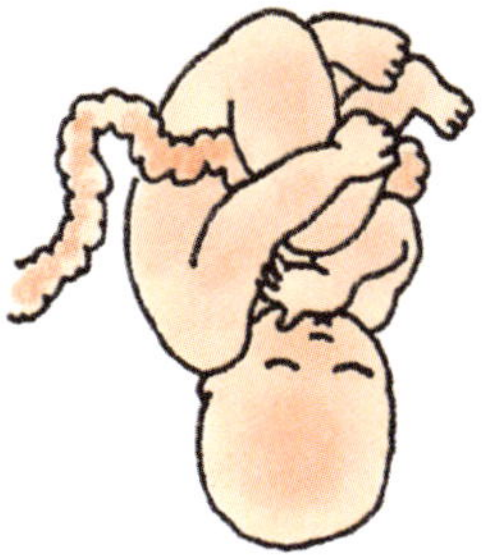

La position du bébé :

Collez ici une photo de vous enceinte de 8 mois.

8 mois !

Les nouvelles transformations de mon corps :

Mes impressions :

37e semaine

Anecdotes :

Prise de poids :

Tour de taille :

Informations importantes :

Depuis peu, je ressens le besoin de faire certaines choses à la maison :

Mes impressions :

Les impressions du futur papa :

Mémento :

Collez ici une photo.

38e semaine

Ce que j'ai prévu d'emporter dans la valise du bébé pour la maternité :

Anecdotes :

39e Semaine

Je me sens prête à accoucher parce que :

Mes petites angoisses :

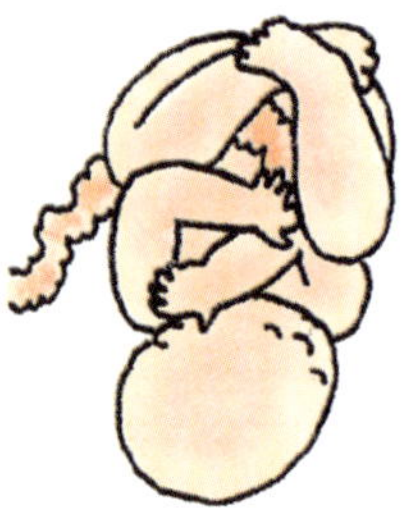

Anecdotes :

La position que j'envisage pour mon accouchement :

Ce que j'attends de la personne que j'ai choisie pour m'accompagner ce jour-là :

Mémento :

Collez ici une photo.

40e Semaine

Anecdotes :

Quels ont été les meilleurs moments de ma grossesse jusqu'à présent ?

Collez ici une photo de vous enceinte de 9 mois.

9 mois !

Les nouvelles transformations de mon corps :

Mes impressions :

Dernières semaines

Prise de poids :

Tour de taille :

Informations importantes :

Comment va mon bébé ?

Comment je me sens ?

J'occupe mes journées en… :

Les réactions du futur papa face à cette attente :

Mémento :

Collez ici une photo.

Dernières semaines

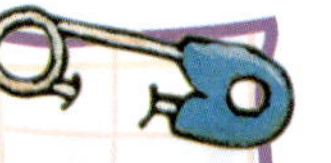

Anecdotes :

Mon bébé se fait désirer ! La réaction de mon entourage :

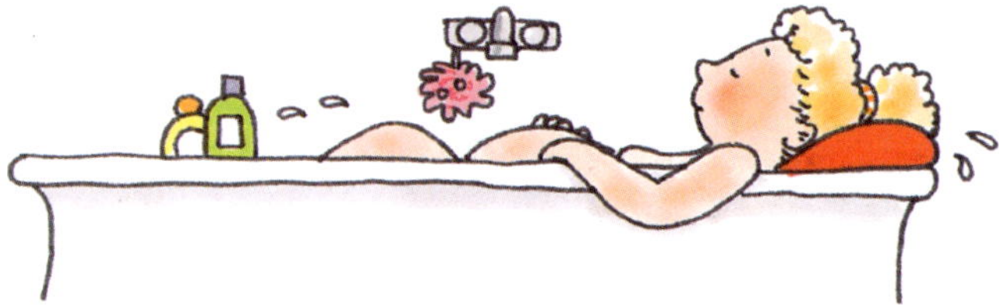

Collez ici une photo.

Le travail commence...

Date et heure :

Comment j'ai su que le travail commençait :

L'endroit où je me trouvais :

Ma réaction/mes sensations :

J'étais accompagnée de :

Sa réaction :

Collez ici une photo.

La naissance

Date et heure :

L'endroit où mon bébé est né :

Déroulement de l'accouchement :

J'étais accompagnée de :

Que m'a apporté sa présence :

Bienvenue !

Collez ici la première photo de votre bébé.

Le faire-part

Collez ici le faire-part de naissance.

Mon bébé !

Sa date de naissance : Heure : Signe zodiacal :

Ville, pays :

Son (ses) prénom(s) :

Son nom :

Son poids à la naissance : Sa taille :

La couleur de ses cheveux :

Mon bébé ressemble plutôt à :

Sa première tétée / son premier biberon :

Sa première nuit :

Son premier bain :

Calendrier des visites

Collez ici une photo.

Collez ici une photo.

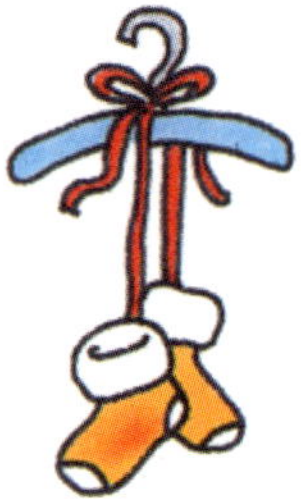

Collez ici une photo.

Retour à la maison

Date :

Mes impressions en quittant la maternité :

Comment s'est passé le trajet ?

La personne qui nous a raccompagné(e)s :

Nous étions attendu(e)s par :

Les impressions du papa :

Collez ici une photo.

Collez ici une photo.

Collez ici une photo.